AF440474

El que te quiere no te aporrea

María T.

EDIQUID

EL QUE TE QUIERE NO TE APORREA
© María T.

Editado por: Corporación Ígneo, S.A.C.
para su sello editorial Ediquid
Av. Arequipa 185 1380, Urb. Santa Beatriz. Lima, Perú
Primera edición, junio, 2022

ISBN: 978-612-5078-08-7
Impresión bajo demanda

Hecho el Depósito Legal en la Biblioteca Nacional del Perú N° 2022-04630
Se terminó de imprimir en junio de 2022 en:
ALEPH IMPRESIONES SRL
Jr. Risso Nro. 580 Lince, Lima

www.grupoigneo.com
Correo electrónico: contacto@grupoigneo.com
Facebook: Grupo Ígneo | Twitter: @editorialigneo | Instagram: @grupoigneo

Diseño de portada: Mariana Barrientos
Corrección: Juan De Gouveia
Diagramación: Manuel García

Colección: Integrales

Índice

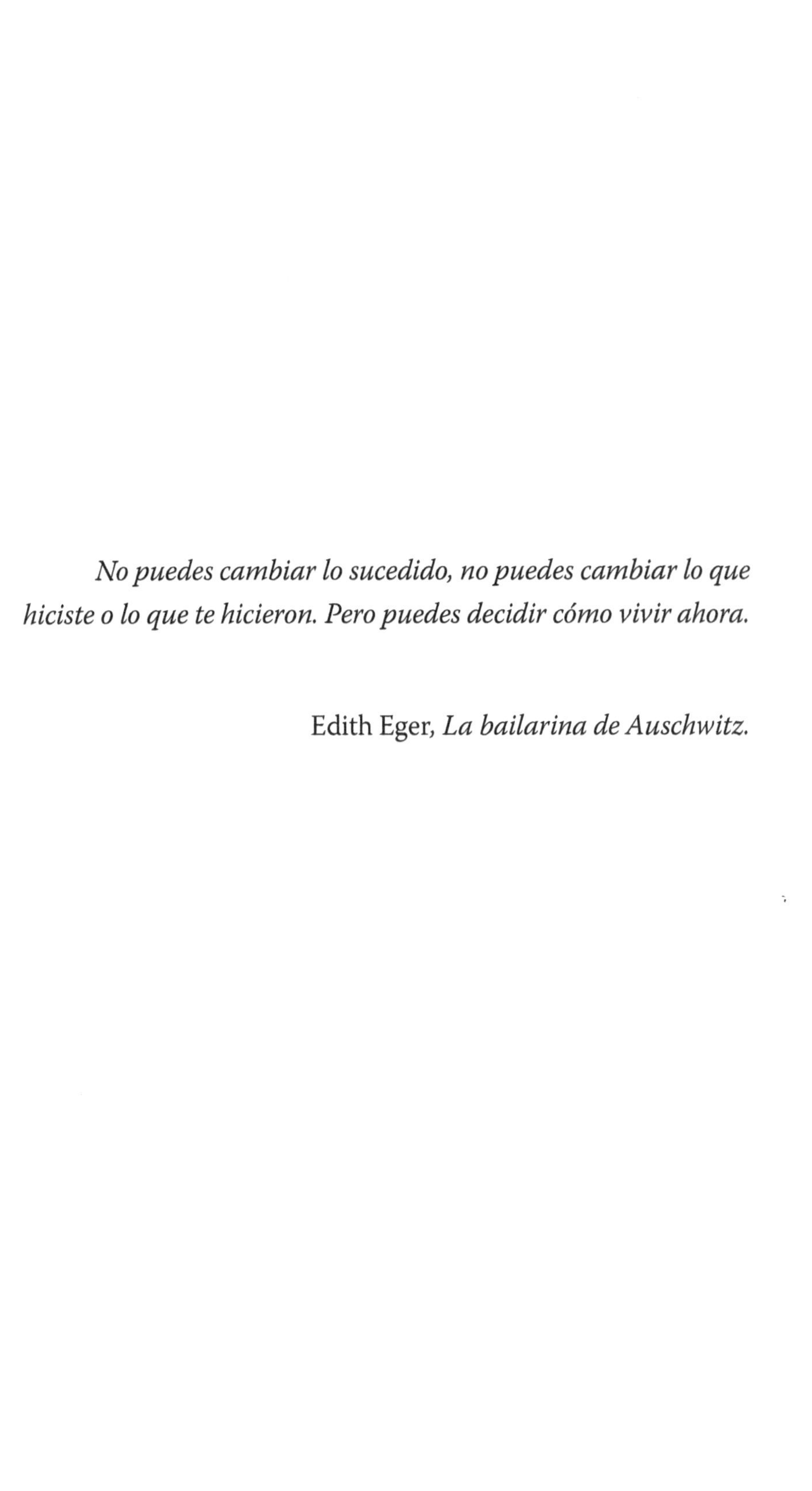

No puedes cambiar lo sucedido, no puedes cambiar lo que hiciste o lo que te hicieron. Pero puedes decidir cómo vivir ahora.

Edith Eger, *La bailarina de Auschwitz.*

Agradezco a Dios por todo lo que he aprendido.
Agradezco a cada persona que se ha cruzado en mi vida.
Gracias a mi familia, amigos y pareja por estar en las buenas y en
las malas, por ayudarme a levantarme cada vez que lo necesité.
Infinitas gracias a todos ustedes por ser parte de este proceso.

«No se puede encontrar paz evitando la vida, Leonard»
(Las horas, 2002).

Advertencia

Este libro describe las experiencias vividas por una persona que ha sido víctima de la violencia de género. También contiene hechos relacionados al abuso de sustancias, depresión y puede revivir momentos cumbres en su lector.

Sin embargo, es también una balsa, un lugar de salvación y encuentro que demuestra que se puede florecer aún en las peores circunstancias.

Prólogo

Durante siglos, la violencia de género (en general) y en la pareja (en lo particular) fueron temas tabúes. Se daba por sentado que el maltrato físico y psicológico que recibía una mujer en una relación era algo normal e incluso esperado. Se podría decir que hasta se enseñaba como una forma de relacionarse desde la agresión, el ruido y los silencios.

No obstante, en años recientes, esta visión arcaica ha cambiado. Poco a poco y gracias a distintos movimientos sociales, se ha puesto sobre la palestra cómo estas mujeres son víctimas y la forma en la que son sistemáticamente ignoradas; desmontando la idea de que la violencia en el hogar es una muestra de afecto.

Este cambio de paradigma ha permitido que mujeres de todas las latitudes se pronuncien sobre sus experiencias. María T., autora de este libro, es una de ellas. Y si bien la premisa inicial es contar su historia de sufrimiento, también es mostrar que hay vida después de ser una víctima, que sí es posible salir adelante y encontrar un camino.

Las páginas de *El que te quiere no te aporrea* cumplen, entonces, una triple función: ser vía para contar la historia de la autora, señalar las posibilidades de romper estos ciclos de dolor y, por último, servir de impulso a otras mujeres para hablar de sus casos porque, al final, solo apoyándose unas a otras se pondrá un fin definitivo a siglos de pisoteos.

Una lectura descarnada, a ratos dolorosa, a ratos alegre, como la vida misma, que funciona como tierra fértil para anclarse, echar raíces y crecer.

Los editores

Introducción

Todas las cosas en nuestra vida tienen un sentido; todos los finales son también comienzos. Lo que ocurre es que en su momento no lo sabemos.

Mitch Albom

No debo quedarme callada. Somos tantas mujeres guardando lo vivido bajo siete llaves por vergüenza. ¿Vergüenza de qué? ¿De lo que dirán? Ja, ja, ja.

Soy María, tengo 32 años, y les digo de una vez que se pongan cómodas porque les quitaré el sueño por el príncipe azul, ese que nos prometió Walt Disney, para convertirnos en las mujeres que merecemos y queremos ser.

Años de terapia por maltrato físico y sicológico, muchas lágrimas y siempre la misma conclusión. Estereotipos, dichos, mitos y recuerdos que hoy quiero compartir contigo.

Si bien los nombres se modificaron, la historia es real y me pasó a mí.

El primer amor

El amor de mi vida. 28 años y seguía creyendo, pobre ilusa, que «el que te quiere te aporrea». ¿Conoces ese dicho arcaico, machista y estúpido? Yo sí. Me dio vueltas en la cabeza hasta mi última sesión de terapia.

En tercero básico mi profesora me lo dijo: «María, Gastón es así contigo porque le gustas», y remató diciendo «El que te quiere te aporrea». ¡Tenía 9 años! ¿Cómo es posible que una profesora sea capaz de decirle eso a una niña? ¿A cuántas más se lo dijo?

Gastón y yo hacíamos todo juntos. Amábamos a los animales (algo que sigo haciendo al día de hoy), por las tardes andábamos en bicicleta, tomábamos once en casa de mis papás. Recuerdo su primer regalo: un anillo de fantasía con una mostacilla azul y líneas de colores. Lo usaba de pequeña y lo guardé en una cajita musical hasta mis 28 años. Mis papás se acordaban siempre de aquel regalo, fue muy lindo e importante para mí. Cada vez que lo veía recordaba mis mejores años de infancia, recordaba a mi amigo.

Íbamos juntos a un bosque cerca del colegio donde jugábamos en nuestras bicicletas. Había un lugar allí en el que se acumulaba agua y yo estaba segura de que era la fuente del amor de la novela que estaba de moda en esos años. ¿Cómo era tan ilusa? Todo porque supuestamente «el que te quiere te aporrea».

9 años de edad y ya recibía mis primeros golpes, tanto físicos como sicológicos. Él me hizo mucho daño. En el colegio contaba al curso historias de animales en las que hacía referencia a mi familia, se burlaba de mí, y todos se reían.

Cuando el clima lo permitía, yo iba en bicicleta al colegio. Uno de esos días sonó el timbre de fin de clases, hora de ir a casa. Al ir por mi bicicleta me percato de que tenía una rueda pinchada. Siento la risa de Gastón. No la pinchó, solo la desinfló, pero en aquella época no existían los infladores pequeños. Éramos niños inquietos, no entendíamos las consecuencias de nuestros actos. La mamá de Gastón iba por él todos los días y yo, enojada, pequeña, me armé de valor y salí del colegio a hablar con ella. Le dije que él había desinflado la rueda de mi bicicleta y que era muy pesada para mí. Ella lo retó e hizo que llevara mi bicicleta en sus manos hasta la casa de mis papás. No era un trayecto largo, apenas 3 cuadras, pero para mí y para él, tan pequeños, era un gran recorrido.

Un día en el colegio nos enseñaron a plantar, éramos una especie de «forjadores del mundo». La profesora nos pidió a todos que lleváramos una cuchara o una pala pequeña y una caja vacía para que aprendiéramos a sembrar; ese fue mi primer acercamiento para mejorar nuestro planeta. Gastón tuvo la nada agradable idea de ir por su caja, que en su interior tenía la pala, y tirármela en la cabeza; ese fue mi primer golpe de lejos y mi primer chichón también. Mientras yo lloraba, mi profesora me consoló diciendo «El que te quiere te aporrea».

Estaba muy dolida y enojada con él. Recuerdo que llegó a clases con un regalo para mí. Era una casete de los Hanson, cuyas canciones me encantaban. Por supuesto amé el regalo, pero mi enojo fue mayor y le saqué toda la cinta para tirársela encima.

Pasaron los años y de vez en cuando teníamos contacto en algún evento o lugar en el que coincidíamos. Crecimos y yo pensaba que era mi amigo.

A mis 18 años nos reencontramos en Santiago. Nos juntamos en la casa de un amigo suyo.

Como no lo veía hace muchos años y no salía sola en Santiago, fui con mi amiga Paulina. Hablando con Gastón nos pusimos al día, típico de esas amistades que no vemos en años y pareciera que solo pasó un día. Fue genial, lo pasé increíble. Pensé que seguía siendo mi amigo.

Pasaron las horas mientras Paulina y yo compartimos con los demás. Nos tomamos unos tragos, fumamos; transcurrió el tiempo y poco a poco los demás amigos se fueron despidiendo hasta que solo quedamos cuatro: Paulina, Gastón, su amigo (dueño de la casa) y yo; después de eso, no recuerdo más nada.

Desperté feliz, hasta que me levanté. Tenía puesta otra ropa y, a mi lado, estaba Gastón; Paulina estaba en la cama con el dueño de la casa. La desperté y me pegó una cachetada mientras me decía «Escuché todo». Yo, atónita, no entendía nada, no sabía de qué estaba hablando. Me puse mi ropa y salimos tan rápido como pudimos de ahí.

Paulina estaba muy enojada y nerviosa porque el amigo de Gastón había intentado que pasara algo entre ellos dos. Por suerte ella estaba consciente y lo frenó.

Creo que te preguntas si pasó algo entre nosotros, la verdad es que hasta el día de hoy no lo sé. Me enojé con él, le pregunté muchas veces qué había pasado esa noche. Me respondió que pasó de todo y luego lo negó; otro día me juraba que no había pasado nada, que jamás haría algo así porque somos amigos solo para días después volver a decir que sí. Pensé que fue mi error. Me avergoncé por esa noche durante años. Traté de recordar pero me resultó imposible.

Nos volvimos a ver diez años después de aquella noche, ya a mis 28 años. Me escribió por Instagram: «Ambos aburridos, en la misma ciudad, ¿nos juntamos?». Y lo hicimos. Resultó incómodo, raro, tenso. Él me mostraba árboles, pájaros y me decía los nombres. Yo feliz, me sentía como una niña otra vez, aunque eso no impidió que muchas veces fuera mala onda o cortante. Fuimos al campo de su familia, conversamos por horas; volví a creer como una niña que era mi amigo. Te juro que me hubiese quedado a vivir ahí, es un lugar realmente hermoso.

Hasta que me mostró las cámaras de vigilancia del campo y decidió borrar las imágenes donde aparecíamos. Él estaba en pareja, yo lo sabía, pero no pensé que él tuviera otras intenciones conmigo. No recuerdo haber botado el anillo de fantasía con mostacilla azul y líneas de colores que atesoré por tanto años, pero desde aquel día nunca más lo vi.

Mi primera vez

Aguanté solo por el sentimiento de un corazón huérfano.

Mis papás trabajaban todo el día y mi hermana nunca estaba en casa. Nunca me faltó nada material pero sí me faltaba cariño.

Pensaba que era amor.

No tenía un buen ejemplo en casa. Estaba siempre sola y cuando estábamos en familia era como estar solos. Con el tiempo entendí que mis papás hicieron lo mejor que pudieron con sus herramientas de vida y que no podía pedirles algo que ellos nunca tuvieron. La casa tan grande, cada uno en una pieza. Solo de vez en cuando escuchaba palabras lindas de mi papá a mi mamá, pero a mí nunca un «te quiero». El único que recuerdo fue de mi mamá cuando yo era pequeña y las dos nos pusimos a llorar.

Mis padres trabajaban todo el día. Yo salía de clases y empezaba mis entrenamientos de porrista; cuando no tenía que entrenar, iba a clases en el conservatorio de música. Siempre ocupada hasta que llegaba la hora de ir a casa.

En aquel entonces buscaba cariño por fuera, aunque fuera un poquito.

Te contaré por qué el perdón no precede a la confesión. Yo necesito confesar todo este dolor, para liberarme de esta culpa que nunca fue mía y tal vez algún día logre perdonar.

Tenía 15 años cuando conocí a Manuel. ¿Cómo nos conocimos? En esa época, cuando salíamos de clases, los estudiantes de los colegios del centro de la ciudad nos juntábamos en lugares claves.

Por las mañanas, antes de entrar a clases, era en la Galería Ipanema. Aquellos de peor conducta fumábamos; sí, a esa hora, nos juntábamos para conversar y hacernos los interesantes.

Por la tarde, también antes de las clases, nos juntábamos en el árbol de Museo. De igual manera para fumar, conversar y, sobre todo y muy importante, a tocar el tronco del árbol. Era madera y la madera daba suerte para que nos fuera bien en las pruebas.

Ya al salir de clases, a las 5:15 p. m., el lugar de encuentro era la esquina Colón. Era muy entretenido porque conocí a muchos amigos ahí. Cuantas historias, llantos y risas. Fue entre todo eso que conocí a Manuel.

Era muy normal, buena onda, rápido para responder los chistes. Me hacía reír. Le gustaba escuchar radio, algo muy raro para nuestra edad. Me esperaba afuera del colegio hasta que saliera de mis entrenamientos; si no estaba allí, lo encontraba en el paradero de colectivos en la esquina de la casa de mis papás. Que romántico, ¿no?

Iba a todos lados conmigo pero yo no podía ir a todos lados con él porque no era seguro para mí. Él me protegía.

A mis 15 años perdí mi virginidad con Manuel. Dos «enamorados» jurando que estaríamos toda la vida juntos. Para mí era el amor de colegio, con el que tendría hijos y sería feliz para siempre. Preparamos todos los detalles, que no fueron muchos ni muy románticos, para ese momento. En su casa estaríamos solos. Y así fue. Él, típico pendejo, haciéndose el grande diciendo que ya no era virgen cuando, en realidad, cachaba menos que yo. Yo *full* nerviosa, tanto que solo me desvestí de la cintura para abajo, al igual que Manuel. Pasó lo que teníamos en mente, perdí mi virginidad. Pensé que sería a otro nivel y al final no fue nada del otro mundo, pasó no más.

Todo fue normal hasta que se empezó a poner celoso por todo. No me dejaba juntarme con mis amigas ni amigos; no podía vestirme cómo quería; no podía ir a la disco con él porque otros hombres me miraban; no podía maquillarme, etc. Incluso me fue infiel y lo perdoné porque me juraba amor eterno.

Un día no di más. Me junté con Víctor, un amigo muy cercano de Manuel, y le conté todo lo que estaba pasando y me dijo que no tenía por qué aguantar esas cosas, menos a la edad de nosotros. Manuel nos vio caminando por el parque y se enojó demasiado. Yo intentaba explicarle que nada más quería entender las razones por las que había cambiado tanto, que no tenía motivos para ponerse celoso, y que yo lo amaba a él.

Llegamos a su casa y la discusión no paraba, hasta que me tiró sobre el marco de la cama. Me despertó desesperada su hermana, Fran. No sé si me había desmayado o si solo no entendía nada por el golpe que recibí en mi cabeza y espalda; estaba muy adolorida y Fran no paraba de gritarle a Manuel. El impacto fue tal que el marco de la cama se rompió.

Pasaron los días, los únicos que sabíamos de lo sucedido éramos nosotros tres. Él se desvivió en disculpas. Decía que era así conmigo por amor, que nunca más lo haría. Y yo le creí.

Ese «nunca más» duró menos que un *candy*. Los golpes e insultos fueron pan de cada día por 3 años. Lo que me hacía era cada vez más notorio, sobre todo en mis brazos y cara. Su mamá me ponía bolsas de verdura congelada en los golpes para que no llegara a mi casa en ese estado.

La gota que rebalsó el vaso fue en enero del 2007, tenía 18 años.

Me engatusó para mirar el atardecer en el techo de su casa que estaba en construcción. Subimos. Ahí nos encontrábamos cuando de la nada se enojó por algo y no encontró mejor reacción que dejarme encerrada allí arriba. Pedí ayuda hasta que no di más. Una vez más Fran llegó a mi rescate. Al lograr salir del techo nos descubrió Manuel; se acercó a mí en supuesta paz, me besó y luego me arrancó un pedazo de labio con un mordisco.

Terminamos por fin, luego de 3 años de infidelidades, dolor, golpes físicos y psicológicos. Nunca tuve la confianza para contárselo a mi familia. Ellos nunca estaban en casa; mi hermana siempre supo pero nunca dijo nada.

A él no le bastó con eso; cuando una persona es psicópata llega a hacer acciones inimaginables.

Si pudiera retroceder el tiempo, te juro que les diría a mis papás todo lo que estaba pasando. Solo cuando crecemos y maduramos nos damos cuenta de que todo lo que nos decían ellos es cierto. Que de verdad siempre quieren lo mejor para nosotros. Ahora sé que, de haber hablado a tiempo, nada de esto hubiera pasado.

Corría el 2007. Yo me fui a estudiar a Santiago. Estudié todo lo que pude estudiar; me encerré en mis estudios. Era la raja. Tenía de nuevo una vida, amigas, amigos, espacio.

En diciembre de ese año, en una cena con mi mamá en Santiago, surgió la oportunidad para contarle lo que había vivido con Manuel. Ella no lo podía creer.

Luego de esa conversación mi mamá decidió comprar un departamento en Santiago porque superé con creces mi primer año de universidad. Así que nos pusimos en búsqueda de un departamento para que viviera toda mi vida, en sus palabras, con hartas piezas para tener hijos, casarme y vivir tranquila.

Encontramos el departamento perfecto. Lo compró. Todo iba de maravillas hasta que preguntó por nuestra vecina o vecino. Cuando le dieron el nombre nos llevamos una sorpresa: era la mamá de Manuel.

Él aprovechó la situación y me hizo la vida imposible por un año. Tocaba el timbre todos los días a altas horas de la madrugada. Fiestas diarias. Me esperaba en el ascensor. Era tanta su desesperación por molestarme que lo terminaron sacando del edificio por ruidos molestos, desmanes, fiestas, botellas de alcohol quebradas en espacio comunes. Fue realmente horrible, literal un infierno.

Gracias a Dios lograron sacarlo y su mamá tuvo que arrendar el departamento. Nunca más supe de él, nunca más lo vi y espero nunca más volver a verlo.

Víctor

Era el 2009. Yo todavía estudiaba en Santiago, por lo que en vacaciones de invierno viajé a ver a mis papás.

Víctor seguía siendo mi amigo. Pasamos juntos las vacaciones. Te juro que no me percaté de que quería algo conmigo; incluso mi mejor amiga, Tita, me preguntó: «¿Cómo no te das cuenta que le gustas?». Ja, ja, ja. Al final era verdad. Empezamos a salir, aunque a distancia porque yo estudiaba en Santiago. Apenas duramos un par de meses. Fue piola porque solo nos vimos en invierno, Fiestas Patrias (septiembre) y terminamos en diciembre del 2009.

En enero del 2010 estaba trabajando en el negocio de mi mamá. Un día salí del trabajo y ahí estaba Víctor, esperándome. Insistía en que volviéramos, pero le dije que no. No fue solo esa tarde, fueron muchas.

Un día me llama Tita para preguntarme si había visto Facebook. Le dije que no.

Víctor había creado una cuenta con el nombre «María vuelve conmigo»; agregó a todos nuestros amigos en común y las fotos eran dibujos suyos de una mujer desnuda que, por los tatuajes, estaba claro que era yo.

No había forma de hacerlo entender que yo no quería nada con él, mucho menos después de todo eso. Denuncié la cuenta de Facebook y les pedí a mis amistades que hicieran lo mismo, logrando así que la cerraran.

En febrero del mismo año, post terremoto, me encontraba en Santiago con Tita. Decidimos juntar comida y ropa para donar a las familias afectadas por el desastre. Estábamos casi listas para salir del departamento cuando sonó el timbre. Era Víctor, con regalos y desayuno para dos. Desde conserjería no avisaron porque él dijo que era una sorpresa para su polola. ¿Qué polola? Nosotros terminamos.

Nos siguió todo el día. Fue todo muy raro.

Tita y yo entregamos lo que habíamos reunido para luego juntarnos con unos amigos, Andrés y Joaco, en su departamento. Víctor nos seguía. Los chicos sabían que él era mi ex, pero lo dejaron entrar al departamento sin entender nada.

Al momento de ir a dormir, ¡Víctor se acostó en el sillón del departamento de mi amigo! Tuve que dormir con Tita y Andrés. Sobre las 6:00 a. m. Andrés me despierta asustado; mi ex se había sentado a los pies de la cama y no dejaba de mirarnos. Demasiado *freak*.

Le pedí a Andrés que lo sacara del departamento. Seguimos durmiendo y despertamos con el timbre del citófono; era el conserje, avisando que había un chico intentando saltar del quinto piso. Andrés me avisó pero, créeme, después de tanta locura, no me importó y dejé que Víctor hiciera lo que quisiera con su vida.

Al final, sin embargo, tuve que llamar a su mamá y ella contactó a carabineros. Estos llegaron y junto a Tita les contamos lo sucedido. Su respuesta fue que no podían hacer nada porque no nos había amenazado de muerte. La mamá de Víctor tuvo que pedirles encarecidamente que por favor lo llevaran al aeropuerto, que su hijo no estaba bien. Lo encontraron usando las cámaras del edificio y lo trasladaron.

Nunca más supe de él.

El casero

Dicen que los mejores años son los universitarios y puedo confirmar que así es. En 2007 empecé mi vida universitaria. Conocía a Mateo. Entre tanto estudio necesitaba relajarme de vez en cuando y cada vez que, estando solteros, queríamos pasar bien el rato nos juntábamos. Una complicidad bacana.

Un mensaje de texto, más adelante por WhatsApp, y listo. «¿Estás disponible?». Era fácil, sin sentimientos de por medio, solo pasarlo bien. Si alguno de los dos estaba ocupado, no había problema. Era muy relajado y entretenido.

Amigos con ventaja, risas, comidas ricas, bailes, conversaciones eternas, consejos; nos ayudábamos con nuestros trabajos de la universidad, aunque no estudiamos lo mismo. Nos apoyábamos en lo que podíamos.

Obvio le tengo cariño y le deseo lo mejor para su vida porque es una tremenda persona. Fueron muchos años de esta complicidad y buena onda.

En 2012 yo estaba pololeando con Arturo, pero él me trataba muy mal y nuestra relación iba en picada. Ninguna de mis amistades lo conocía porque, según él decía, la relación era de los dos, no necesitábamos conocer a nuestro círculo de amigos. Está claro que yo nunca conocí a los suyos.

Cuando ya mi relación con Arturo no daba más, yo estaba terminando mis estudios y llamé a Mateo. Él sabe cómo soy y que no va conmigo eso de la infidelidad, pero era la única manera de poder terminar mi relación. Nos juntamos de nuevo. Al día siguiente llamé a Arturo y terminamos nuestra relación en diciembre del 2012.

La historia con Mateo continuó con intermitencia entre 2007 y 2018, cada vez que estábamos solteros. Lo mejor de este amigo con ventaja fue la confianza y las cosas claras desde el principio.

¿Por qué te cuento esto? Porque es mejor tener amigos que enemigos. A veces es necesario despeinarse, pasarlo bien y olvidarse de los problemas. Tener amigos que te ayuden a salir adelante y estén en las buenas y en las malas.

Arturo

Lo conocí en el 2010, después del terremoto. Era el cuñado de mi amiga de universidad, Catalina, con quien hice *match* desde el primer día. No nos separamos más; su familia me acogió como parte de ellos. Nos juntábamos casi todos los fines de semana y lo pasábamos muy bien.

Catalina es de esas amigas que ya no se encuentran. Nos presentamos a nuestros amigos, entre ellos Andrés. Formamos un grupo bacán, muchos de ellos siguen siendo amigos al día de hoy.

Entre tanta junta con ella, celebramos la titulación de su marido, Fernando. Llegaron a la fiesta los sobrinos y hermanos de él, incluido Arturo. Me encantó. Hablé toda la noche de mí, como una quinceañera. Ambos nos gustamos y dormimos juntos, pero no pasó nada; apenas unos besos locos pero nada más.

Él vivía en la quinta región, en un pequeño pueblo, y el fin de semana siguiente viajó a verme.

No diré que era una mala pareja, aunque sí era raro y muy tacaño. No quería que conociera a sus amigos, él no tenía interés en conocer a los míos; de hecho, no le gustaban mis amistades. No me dejaba juntarme con Tita porque era lesbiana y menos con Andrés porque era gay. Era homofóbico y misógino. Tenía unas faltas de educación tremendas y se creía mejor que el resto. Era de los que te tiran el título encima y lo único que les importa es la plata.

Catalina siempre me lo dijo, que Arturo no era igual a Fernando. La vida de ellos como hermanos fue muy distinta. Su papá falleció cuando Arturo era muy joven. Arturo tenía tres hermanos y una hermana. Su mamá los sacó adelante como pudo, pero comprenderán que cuatro hijos y una bebé no resulta fácil para una mujer sola. Me saco el sombrero por ella.

Nuestra relación era bastante tóxica, de esas que terminan por cualquier cosa. Porque no tenía tiempo, porque saludé a ese o aquel, porque me maquillé, porque no le compré un chocolate y bla, bla, bla. Cosas por las que no deberíamos pasar nunca.

Pasado un año empezamos a vivir juntos en el departamento de mi mamá en Santiago. Dejé de lado a mis amistades porque él no quería compartir con nadie. De hecho, si alguien iba al departamento él simplemente no saludaba y se encerraba en una pieza. Raro. Nos teníamos en redes sociales y aun así él no compartía nada de mí, nunca; incluso yo no podía comentar sus publicaciones y siempre fue así.

Cada vez me sentía más sola y él no me dejaba hacer nada, además de la carga de mantenerlo porque él estudiaba su especialidad. Yo estudiaba y recibía una mensualidad de mis papás y además trabajaba los fines de semana, como captadora, para poder vivir bien los dos.

Ahora que lo escribo no logro entender como no me di cuenta antes.

Catalina y yo seguíamos siendo muy amigas. Una tarde, en una de tantas discusiones con Arturo, él me mostró unos mensajes entre sus hermanos en los que hacían referencia a nuestras peleas que ya eran muy comunes. Fernando hablaba con Claudio.

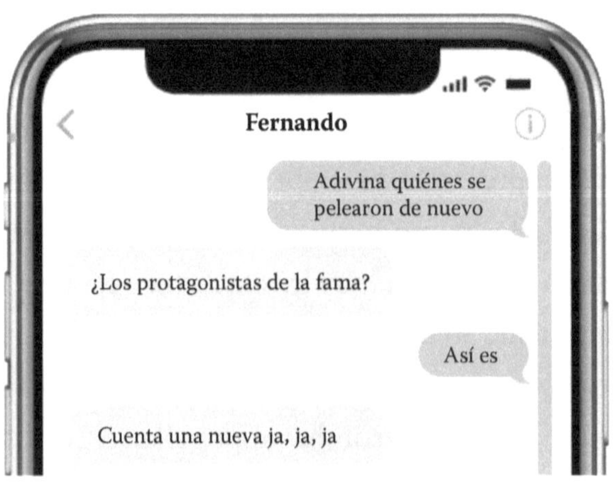

Arturo me los mostró y me dijo: «Para que veas cómo son mis hermanos y tu amiguita que no hace nada por defenderte».

Le escribí al instante a Catalina y ella me juró que estaban hablando de otra cosa. Yo terminé con Arturo porque confiaba más en Catalina y siempre fue así.

Al tiempo volvimos. En septiembre del 2012, para las Fiestas Patrias, viajé a su ciudad con tres amigos míos. Él estaba allá. Los cuatro íbamos en un bus, felices, planificando la noche; Arturo supuestamente nos estaba esperando.

Llegamos y de inmediato nos dijo que no podemos alojarnos esa noche en casa de su mamá porque sería muy molesto para ella. Solo era pasar la noche. Éramos cuatro estudiantes sin dinero para pagar un alojamiento, en un pueblo que no conocíamos.

Pero también éramos jóvenes. Así que seguimos con nuestro panorama ideal y nos fuimos a una fonda; tomamos, bailamos, comimos, lo dimos todo y más. Arturo se fue. Nos dejó botados allí. Ninguno sabía cómo volver al centro, sin embargo nos las arreglamos y lo logramos. Mientras tanto, yo estaba entre el llanto y la vergüenza; mis amigos me daban palabras de aliento para olvidar el mal rato y disfrutar de la experiencia.

Pasamos el frío un par de horas en un cajero automático hasta que unos carabineros nos pidieron que nos retiráramos. Luego llegamos a una estación de servicio en la que nos acogieron, nos regalaron café y chocolates. Contamos todo lo que nos había pasado y, como dice el dicho «pueblo chico, infierno grande»: conocían a Arturo y a su familia. Las dos personas que allí trabajaban me dijeron que me alejara de esa familia. Estaba más que claro que luego de todo lo vivido esa noche no seguiríamos juntos.

A las 7:00 a. m. logramos tomar un bus de regreso. Todavía con mucho frío, pero aliviados de poder volver a Santiago, a nuestras casas, y yo por tenerlos a ellos en mi vida como mis amigos. Ya más calmada, durante el viaje, sabía que mi relación tenía que terminar.

Cuando llegué a la ciudad llamé a Mateo y le conté todo lo sucedido. Nos juntamos. Lo pasamos increíble; entre lágrimas y risas pasaron las horas. Dormimos juntos. Al día siguiente llamé a Arturo y terminamos.

No obstante, la historia no acabó ahí.

En diciembre de ese mismo año me titulé y volví a mi ciudad natal a vivir con mis papás. Nunca quise volver por todos los malos recuerdos que tenía pero lo hice. Me dediqué a salir, beber (más de la cuenta); también me drogué, aunque no soy muy buena para esto porque simplemente no me gusta. Estuve hasta marzo del 2013 de fiesta en fiesta. Salía del trabajo a beber y compartir con amigos, dormía un par de horas y de vuelta al trabajo. ¡Ojalá pudiera hacer eso ahora!

Sí, acepto

Entre tanta diversión recibo un mensaje de Arturo. Decía que no me podía olvidar, que me amaba, que nunca iba a encontrar una mujer como yo —lo cual era cierto— y otras mentiras que yo, ilusa a mis 23 años, creí.

Volvimos. Sí, volvimos y me pidió matrimonio. En una noche de locura me dijo: «¿Nos casamos?». Y yo, como soy arrebatada, le dije que sí.

Fue el peor error de mi vida; si se termina una relación es porque no funcionó. Ahora entiendo, después de tantos años, que las personas no cambian; mejoramos con el tiempo, sí, pero no cambiamos. Ahora entiendo que tengo que buscar a alguien parecido a mí, no a alguien repetido.

Si una persona es violenta, tacaña o irrespetuosa, siempre lo será. Se puede trabajar en eso, es cierto, pero solo cuando la persona quiera mejorar o de lo contrario nunca cambiará.

Nos juntamos en casa de Catalina y Fernando para celebrar que ahora, además de ser amigos, seríamos familia. Entre risas y mucho alcohol surgió el tema. Fernando me advertía que su familia no es fácil pero que él y Catalina siempre estarían para mí, lo que remata diciendo: «Además, no tienen nada que decir de nosotros, solo lo de los protagonistas de la fama».

En ese instante no le di importancia pero luego recordé que yo terminé con Arturo por eso mismo. El juramento de Catalina de que no estaban hablando de nosotros era una mentira. ¡Me mintió! ¡Me traicionó! Estuve muy enojada, aunque hoy entiendo que lo hizo para defender a su marido y que hizo bien porque, al final, mi relación con Arturo nunca fue buena.

Arturo quiso que viviéramos en el sur, así yo trabajaba con mi mamá y él buscaba trabajo en su profesión. Mis papás, con sus contactos, lo ayudaron y le encontraron tres oportunidades, todas excelentes. Ninguna era suficiente para él. Quería más.

En julio del 2013 nos casamos por el civil en Santiago. Catalina y Fernando fueron nuestros testigos. Lo hicimos en un hotel, solo nuestras familias y amigos más cercanos; no más de unos 30 invitados. Igual estuvo bien porque lo puedo recordar como una fiesta más.

Recuerdo el sudor de mis manos cuando la jueza me preguntó si aceptaba casarme con Arturo. Miraba hacia atrás buscando que alguien se opusiera. Sabía que no era lo correcto, debí correr y no mirar atrás.

Esa noche no pasó absolutamente nada entre nosotros. Él lloraba. Muchas veces me pregunté si era por su familia, porque él quiso venir a vivir a mi ciudad o porque no salía del clóset.

Ambos con trabajos nuevos, pero sin un año de antigüedad no podíamos acceder a arrendar una casa por nuestra cuenta. Mi mamá arrendó una casa a su nombre y nosotros pagábamos el arriendo; era un lugar hermoso, seminuevo, de dos pisos.

Como amante de los gatos no dude pero ni un segundo en tener uno; encontré un minino negro en adopción. Arturo lo llamó Gratos, por un personaje de sus juegos de Play. Gratos llegó con tan solo dos meses, tan resfriado que apenas maullaba de lo enfermo que estaba. Se convirtió en mi compañero fiel.

A las dos semanas de ser marido y mujer, viviendo juntos, entendí que no me había casado sino que me habían cazado.

Lo más importante para Arturo siempre fue el dinero. No dejaba de preguntarme por mi porcentaje en la sociedad del negocio de mi mamá, por mi seguro de vida. Cosas que a mis 23 años no me interesaban y que, hasta el día de hoy, no me interesan. No entendía el motivo de sus preguntas hasta que pasó el tiempo.

Andrés, mi amigo, viajó a visitarnos y nos invitó a una fiesta. Arturo, como siempre, no quiso ir por lo que yo me fui con Andrés y todos mis amigos. Lo pasamos increíble, bailamos hasta más no poder y nos divertimos muchísimo. Hasta que al momento de despedirnos de nuestros amigos se me luxó la rótula y yo caí al piso. Querían llamar a una ambulancia pero me negué, así que buscaron a un kinesiólogo que puso todo en su lugar. Salí cojeando, pero digna, del brazo de Andrés que así me llevó a casa.

Fue desde ese día que empezó mi verdadero calvario. Me debí divorciar a las dos semanas de matrimonio. Arturo se enojó demasiado. Me decía que eso me pasó por puta, que una mujer *cazada* no puede salir sin su marido, que mi obligación era cuidar de él y estar en casa. Me quería morir, pero no podía ni caminar.

Llamé a mi papá pasadas las 5:00 a. m. para contarle lo sucedido con mi rótula; jamás le conté de los insultos de Arturo. Él me tranquilizó y me dijo que tenía que viajar a Santiago donde un especialista para tratarme. Claro que Arturo no me acompañó porque todo era resultado de mi error y para él yo me las tenía que arreglar solita. Así viajé con mi mamá a Santiago, donde la única opción que tenía era operarme. Arturo no viajó nunca. Se quedó en el sur, trabajando y a cargo de Gratos. La operación fue un 4 de agosto del 2013.

Desperté amarrada a la cama de la clínica, mi mamá con cara de susto a mi lado. El doctor me dice: «María, hicimos todo lo posible pero tu rodilla estaba más desgastada de lo que se veía en los exámenes, tuvimos que fracturar tu tibia para poder crear un cóndilo falso para que así puedas volver a caminar. Ya no serán 3 meses de recuperación sino que serán 6 meses».

La morfina fue mi mejor aliada para soportar el dolor de la fractura durante ese tiempo. Recuerdo que todas las noches mientras estuve hospitalizada me inyectaban anticoagulante. A mí, que odio las agujas; cada inyección en mi brazo venía acompañada de muchas lágrimas. El pinchazo era de un segundo. El dolor en mi piel, en mi pierna y en mi corazón se hicieron eternos.

Arturo nunca viajó. Me llamaba de vez en cuando, me hablaba de Gratos y su mejoría; me ilusionaba diciendo que viajaría a verme el fin de semana pero un día antes se enojaba y no lo hacía. Está claro que nunca compró pasajes y que no tenía interés de verme. Cada vez hablábamos menos porque él decía que era muy aburrido hablar conmigo. Yo no tenía nada para contar porque no podía hacer nada, solo esperaba una palabra de aliento y apoyo de su parte pero esto nunca llegó.

Estuve dos semanas en la clínica y luego empecé terapia con el kinesiólogo para poder recuperar la movilidad de mi pierna. Las citas eran de lunes a lunes, 3 horas al día, y luego dependía 100 % de mi mamá. No podía caminar, no me podía bañar; me sentía y era inútil, no podía hacer nada sola.

Mi mamá tuvo que volver al sur por su negocio y yo me quedé en Santiago, en casa de Catalina. Ella me cuidó como una mamá, amiga y concuñada. Estaba al tanto de todo lo que pasaba con Arturo; siempre estuvo de mi lado y me consolaba. Fernando también sabía cómo me trataba su hermano, pensaba que eran celos porque yo estaba en Santiago y él se encontraba trabajando lejos de su familia. Pero Arturo quiso irse a vivir al sur, yo no lo obligué, es más, yo quería quedarme en Santiago.

Fernando me dijo que si amaba a Arturo tenía que hacer lo que fuera para estar con él, aunque eso significara terminar la amistad entre nosotros. No lo entendí en ese momento, pero más adelante me cayó del cielo.

Usé muletas por un año. A los dos meses mi doctor me dijo que si levantaba la pierna podría volver a mi casa, pero solo si lo hacía y continuaba con mi tratamiento en mi ciudad. Recuerdo sus palabras: «Haz lo que sea, acupuntura, reiki, marihuana, lo que sea. Solo tienes miedo por el dolor, pero solo es eso, dolor, la cirugía salió bien y tú puedes hacerlo». Lo logré, con mucho dolor, pero lo logré.

Llegué al aeropuerto y Arturo no fue por mí. Papá era quien me esperaba, lo hacía por mamá y por mí. Me llevó a casa pero, entre las muletas y que Arturo había pasado llave por dentro, no pude abrir la puerta. Tuvo que golpear la puerta mi padre hasta que Arturo se dignó a abrir.

Él sabía que no podía caminar, que no podía apoyar mi pierna durante 6 meses debido a la fractura. Fue un total patán. No me ayudaba en nada y, poco a poco, me destruyó física y psicológicamente.

Le pedía agua, café, comida, y no obtenía nada. Nunca me acercó ni un vaso de agua. Aprendí a preparar mi café y ponerlo en una botella para arrastrarlo con las muletas hasta un lugar donde pudiera sentarme. Lo mismo con la comida. Mantener mi cuerpo en una sola pierna, preparar algo para comer y luego ponerlo sobre un banco e ir avanzando de a poco, empujando el banco como podía.

Arturo llevó todas mis cosas al segundo piso a pesar de saber que yo no podía subir. Humillaciones como esa, donde me recalcaba que no podía hacer nada, eran el pan de cada día. Fue macabro. Una vez me tiró al piso y me quitó las muletas. Gracias a Dios tenía mi celular cerca, me arrastré para alcanzarlo y llamé a Tita. Ella llegó en minutos, me buscó algo de ropa y me ayudó a comer. Ella también conocía toda la historia, de hecho, siempre me dijo que no me casara con él y llegó al extremo de no ir a nuestro matrimonio porque sabía que estaba mal. ¡Cuánta razón tenía!

A pesar de no poder hacer nada por mi pierna, un día decidí prepararle una once especial. Sí, yo aún creía que él me amaba, que su forma de tratarme era amor. Le pedí ayuda a mi hermana. Ella fue a mi casa y le conté que quería hacer panqueques. Así lo hicimos. Yo sentada en la mesa de la cocina, mientras ella me acercaba los ingredientes que le pedía. Puso la mesa, lavó la loza y yo estaba tranquila porque nada podía salir mal. Quería ser una buena esposa. Mientras seguíamos en la cocina llegó Arturo, vio la mesa puesta y los panqueques; solo dijo que él quería comer completo y se fue. No sabía dónde meterme. Arturo no vio a mi hermana en la cocina, pero ella escuchó todo. Tomamos once juntas y antes de irse dejó la casa impecable.

Cuando Arturo llegaba a casa solo se dedicaba a comer y jugar PlayStation. Yo cada día comía menos porque, según sus palabras, estaba gorda y parecía que me comía todo lo que había en la casa. Yo mido 1,65 m y en ese entonces pesaba 57 kg, no era gorda. Además, ¿qué iba a comer si no podía cocinar porque no me podía mantener en pie?

El dolor de la tibia fracturada y los dos tornillos, junto con el frío de mi ciudad, era cada vez más insoportable; aún sin apoyar mi pierna sentía como aumentaba el dolor. Por esta razón el doctor me autorizó a fumar marihuana para aliviar las molestias.

Cómo los psicópatas no dan puntada sin hilo, Arturo no encontró nada mejor que armar un *indoor* y tener 5 plantas. Algo que era ilegal; yo podía consumir con mi receta, pero no cultivar.

La verdad es que no puedo consumir drogas porque no va conmigo, no me siento cómoda.

Recuerdo una noche en la que estaba durmiendo. De la nada Arturo entró a la pieza y dio vuelta el colchón conmigo encima. Yo quedé tirada en el suelo, asustada. Él me miró, me pisó la rodilla operada y se empezó a reír. El dolor de esos tornillos presionando la fractura me carcomía por dentro, era insoportable. ¡Grité muchísimo! Le dije que llamaría a carabineros, que por favor me dejara en paz, que no entendía por qué hacía eso. Su respuesta fue un: «Llámalos, el arriendo de la casa está a nombre de tu mamá, ¿a quién crees que se van a llevar presa por la marihuana?». Era realmente un maldito.

Llamé a Tita y le expliqué todo, a lo que ella me suplicó que trancara la puerta de la pieza para que Arturo no volviera a entrar. Se quedó al teléfono conmigo en todo momento. Tranqué la puerta. Luego lo más difícil: mantener el equilibrio para poner el colchón en su lugar y ponerle las sábanas. No sé cómo aguanté tanto.

Yo volví a trabajar, con mis muletas, con dolor y todo, pero prefería estar fuera de casa a lidiar con él. No podía manejar, así que él me llevaba al trabajo. Una tarde estaba, según él, atrasado y me dejó en la puerta de su trabajo, a unas 15 cuadras del mío. Con las muletas, solo con una pierna, empecé a andar. Por momentos mis brazos no daban más, tenía que detenerme para recuperar fuerzas y seguir. Lo logré, llegué.

Qué humillación tan grande. Qué falta de amor propio. Hoy no logro entender cómo aguanté tanto y cómo él pudo ser tan desgraciado conmigo.

Cuando me recuperé, en agosto del 2014, me retiraron los tornillos de la rodilla. Por fin ya no más dolor con el frío. Por fin de alta médica. Llegué de vuelta al sur, feliz porque ya tenía el alta; sabía que tenía que ejercitarme de por vida pero podía caminar. ¡Era libre!

De nuevo la misma situación de antes. Mi papá fue por mí al aeropuerto y, por supuesto, la puerta con llave por dentro; solo abrió porque se bajó mi papá.

Llegué buscando a Gratos pero no lo encontraba y Arturo solo se reía. No había rastro de mi gato o de sus cosas, por lo que pensé lo peor. Resulta que estaba encerrado en la despensa. Mi gatito en un lugar pequeño con su baño, sus platos de comida y la comida de la despensa. Habían sido muchas las humillaciones y malos momentos, pero ¿tener encerrado a un gato en una despensa? ¡Quién sabe cuántos días estuvo ahí!

Agarré a Gratos, mi maleta y me fui a casa de mis papás. Justo estaban mi prima y su pololo de visita porque pronto nacería mi primer sobrino. Les conté lo sucedido. Ellos son amantes de los animales, como yo, y saben que los gatos son muy importantes para mí. Me señalaron que algo pasaba con Gratos porque no se levantaba, pero yo pensaba que solo tenía pena.

Por sugerencia de mi prima lo llevé a la veterinaria, que me conocía desde niña, y, qué tal sorpresa, me dice que el gato recibió un golpe muy fuerte en su pata trasera izquierda. Le comenté que pudo ser en el patio de mis papás pero llamó a una traumatóloga de animales pequeños; vieron las radiografías y ambas coincidieron en que el daño solo podía ser producto de una patada. ¡Por eso mi gato estaba encerrado en la despensa! Pobre gatito, ¿cómo puede llegar alguien a ser tan malo? Sobre todo con una criatura que no puede defenderse. Tuvieron que operar a Gratos. Pata trasera izquierda, dos tornillos; la misma cirugía que me hicieron a mí. ¿Coincidencia? ¡Pura maldad!

Arturo me llamaba y escribía mensajes. Me esperaba a la salida del trabajo. Me juraba su amor, decía que sabía que había hecho mal conmigo y con Gratos. Dijo que estaba dispuesto a tomar terapia si volvía con él.

Le tomé la palabra. Le creí de nuevo y seguí con él. ¿Cómo me iba a separar si el matrimonio es para toda la vida? Aunque no nos sea fácil, aunque tenga altos y bajos. En retrospectiva, por Dios, ¡qué malos consejos y dichos!

Cumplió una vez. Tomó solo una sesión con un psiquiatra; no recuerdo el diagnóstico exacto pero sí que le recetaron varios medicamentos. Así continuó mi vida con él.

Gratos durante su recuperación maullaba mucho por el dolor. Tuve que hacerle rehabilitación en su patita; intentar enseñarle el movimiento de la patita pero no lo lograba. Seguía arrastrándola y esto le causaba heridas. Le hacía curaciones y botitas para que no se hiciera daño, pero no recuperaba bien el movimiento.

Una mañana, todo amaneció escarchado y con nieve. Un hermoso paisaje. Arturo iba saliendo al trabajo y yo sacaba la basura. Él abrió la puerta de su auto y me preguntó por la crema del cabello que usaba a diario. Yo no tenía cómo saber dónde estaba así que le dije que buscara en el baño, lo más lógico. No la encontró y, en su cabeza retorcida, cómo no consiguió lo que quería me quitó la bolsa de basura de las manos para tirarme al suelo. Nieve, hielo, frío. Me levanté como pude, con la frente en alto, y continué como todos los días.

Preparaba la comida en las noches para que llegáramos del trabajo a almorzar tranquilos y poder descansar antes de volver a nuestras actividades. Cuando la comida no le gustaba la tiraba al piso y yo tenía que limpiar. Si preparaba la once y no le agradaba, salía a comprarse algo y solo traía para él. Yo me acostaba sola, él llegaba horas después. Si se acostaba de mal humor, prendía el secador de pelo en mi oreja para despertarme. Solo para asustarme, solo para divertirse.

Ahí empezó mi bruxismo. Él sabía cómo calmar el dolor que este me producía. Una vez me masajeó los músculos de la cabeza y el dolor disminuyó mucho. No lo volvió a hacer porque disfrutaba ver mi dolor. Mis dientes se apretaban a otro nivel, el dolor al despertar era cada vez peor. Cada vez dormía menos. Lo sentía llegar a la cama y me sentía petrificada, solo rezaba. No podía conciliar el sueño. Todas las noches me acostaba pensando si despertaría al día siguiente. Cada día tenía menos energía, menos ganas de luchar y más miedo de morir.

Si tenía un mal día en el trabajo me exigía prepararle algo de comer, lo que se le ocurriera. Recuerdo los golpes del cuchillo en la sartén, mientras me amenazaba diciendo que «ya sabía lo que me iba a pasar» si no me comportaba como él quería. Tenía que picar la carne en cuadritos para preparar salsa; usar solo filete, si usaba otra carne era un golpe seguro.

Era adicto al cigarro; si se quedaba sin cigarros, otro golpe asegurado. Así que aprendí que sí le quedaban pocos, no importaba la hora, yo salía a comprar para que no me hiciera daño.

Yo empecé a beber. Intentaba llegar cada vez más tarde a casa. Salía del trabajo y me estacionaba en la Costanera a hablar por teléfono hasta que oscureciera. Llegaba a casa y tomaba fanta con cerveza. Un trago al día no era nada. Uno se convirtió en dos, luego en tres, hasta que llegué a tomar una botella de cerveza diaria. Sabía que estaba mal, pero cualquier cosa era mejor que estar 100 % consciente de mi situación.

Escribo esto y no lo puedo creer. Parece que nunca dejará de doler, pero intento que cada día sean menos las mujeres que pasen por esto.

Viajamos a pasar las fiestas con su familia. Te aseguro que ha sido la peor Navidad de mi vida. En mi familia se celebra el nacimiento de Jesús como corresponde, en la suya solo entregaban regalos y luego todo era festejar. Llamé a mi familia por video llamada y solo recuerdo llorar mucho.

Antes de año nuevo me llamó Catalina para saber cómo estaba y contarme, de paso, que había unos problemas económicos en la familia de Arturo. Catalina y Fernando querían solucionar el asunto antes de año nuevo por lo que irían al banco el día 30 de diciembre para hablar con el ejecutivo y así poder solucionar los problemas financieros de manera «correcta».

Yo siempre supe que la familia de Arturo no era de los trigos muy limpios. De hecho, a él le interesaba mucho saber cuánto cubría mi seguro de vida, si tenía ahorros en el banco y le preocupaba sobremanera mi porcentaje en la sociedad con mi mamá y hermana. Era mi momento de hablar para intentar salvar un supuesto matrimonio, que no tenía ni pies ni cabeza, o mantener mi amistad con Catalina y Fernando.

Fernando siempre fue muy bueno conmigo y una vez me dijo que si tenía que enojarme con Catalina para mantener mi matrimonio, lo hiciera. Le hice caso, conté todo.

Me arrepiento porque ya no los tengo en mi vida, pero tuve que hacer eso, y más, para salvar mi matrimonio, para conservarlo. No quedó nada en el tintero, no pude hacer más, era un término seguro y sería pronto.

En las vacaciones de invierno en 2014, llegó Francisca desde Valparaíso. Por fin, junta de amigas del colegio con Tita, Francisca y yo. Fuimos al casino a ver a Paolo Meneguzzi. Mientras esperábamos el *show* nos contamos la vida. Empezó el espectáculo y lo dimos todo, cantamos hasta quedar disfónicas. No quería que terminara esa noche. Tanto tiempo sin salir, sin ver a mis amigas, y tener que volver a mi horrible realidad.

Francisca me llevó a casa. No estaba mi auto, no estaba Arturo. Entramos y Francisca con cara de horror me dice: «Mari, esta no es tu casa, no hay nada que me recuerde a ti. Sé que estás mal y estar acá me lo confirma todo. ¿Dónde está Arturo? ¿Se llevó tu auto?». No sabía qué responder, obvio se lo había llevado y yo no sabía dónde estaba; lo llamé pero no contestó.

Le pedí a Francisca que se fuera porque no quería que Arturo la viera si regresaba a casa. Al día siguiente le pregunté a Arturo por qué se llevó mi auto y no el suyo. Me respondió que salió con sus amigos y cómo bebería no quería manejar su auto.

De los siete días de la semana a lo mejor uno o dos días eran «buenos».

Un viernes Tita me invitó a su departamento. Arturo tenía una junta de colegas y se ofreció a llevarme y luego pasar a buscarme a las 2:00 a. m. porque yo tenía que trabajar al día siguiente. Le pregunté donde era su junta y me mostró un mapa dibujado con nombres de calles; por suerte lo memoricé.

Con Tita arreglamos el mundo. Pasaron las horas, era la hora acordada y Arturo no llegaba. Lo llamé varias veces, pero no contestó. A las 4:00 a. m. Tita me preguntó si sabía dónde estaba Arturo para ir por las llaves de mi casa y llevarme para que yo pudiera descansar. Recordé el mapa de inmediato. Fuimos. Cómo no sabía la numeración de la casa, buscamos el auto y seguimos el ruido hasta que dimos con el lugar. Tocamos el timbre y preguntamos si estaba Arturo, el dueño de casa nos dijo que sí y nos dejó pasar. La fiesta estaba a reventar, gente bailando, gente cantando, pero Arturo no estaba por ningún lado. Al fin lo encontramos en el patio, junto a un grupo de hombres al lado de la parrilla. Quedó impactado de vernos ahí. No dijo ni una palabra. Saludé y uno de sus colegas me preguntó quién era yo, a lo que respondí con la verdad: «Soy la esposa de Arturo». Hubo un silencio sepulcral. Nadie sabía que Arturo estaba casado. Soltaron un par de chistes para aliviar la tensión hasta que él reaccionó.

Me preguntó qué hacia allí. Le expliqué que lo llamé, pero no contestaba, así que decidí ir a buscar las llaves de la casa y que Tita me llevaría de regreso. Intentó que nos fuéramos juntos, yo lo convencí de que se quedara tranquilo con sus amigos y que mi amiga me llevaba. Tita y yo no lo podíamos creer, ¡nadie sabía que estaba casado!

Me acosté. No podía dormir. Escuché a Arturo llegando pasadas las 6:00 a. m. Me levanté para hablar con él, pero no me dirigió la palabra. Estuvo mudo por horas; no sabía que decir o qué inventar.

Luego de esa noche, cada tarde cuando Arturo llegaba del trabajo, tomaba las llaves de mi auto y las escondía hasta el día siguiente. Yo no podía ir al baño y poner pestillo, además si me demoraba mucho abría la puerta para revisar la tina y la ventana. Tomaba mi teléfono y lo revisaba. Nunca le escondí nada. No tenía nada que esconder.

Para salir, muchas veces sin poder usar mi auto, sacaba mi bicicleta y llegaba a casa de mis papás. Con cualquier excusa. Que si estaba aburrida, que si quería verlos un ratito, que si no podía dormir. La que fuera. Sin embargo, mamá y papá no son tontos, algo que descubrí un par de meses después.

Decidí empezar con terapia psicológica. Sabía que ninguno de los dos estaba bien. Arturo se enojó porque yo tenía que gastar mi plata en él y no en psicólogas; la realidad era que mi terapia era gratuita porque la depresión es parte del GES. Así que no me pudo quitar eso. No más, nada más.

En la primera sesión, la psicóloga me pidió mostrarle una foto de Arturo. Por más que busqué y busqué en mi teléfono, no encontré ninguna. Ella me tuvo que parar. Me dijo: «Mira mi teléfono». Lo miré y desde que abrió su galería todo era una seguidilla de fotos de su familia, marido, hijos, amigos. Yo no tenía nada de eso. Me prometió que me ayudaría y así fue.

Al cabo de dos meses de terapia reconozco que ya no era la misma. Si Arturo botaba la comida al piso porque no le gustaba, ahí quedaba. Ya no podía trapear el piso conmigo. Si le quedaban pocos cigarros yo trancaba la puerta de la pieza y solo podía golpear la puerta, ya no podía golpearme a mí. Un fin de semana me pidió salir a pasear. Yo me asusté, claro. Dijo que debíamos hablar, que me quería pedir perdón y que él sabía el daño que me había hecho, que quería cambiar y tomar terapia. Me hablo de su papá, de cómo lo extrañaba y que en sus sueños lo veía; que hasta el día de hoy lo esperaba, que nunca pudo superar su muerte.

Acepté. Juro por Dios que pensé me dejaría abandonada lejos de la ciudad. Manejó más de veinte minutos hasta un bosque a la orilla del mar. Estaba aterrada. Arturo repetía las mismas palabras que dijo en casa; hizo que nos sacáramos fotos juntos y separados, mientras me pedía que sonriera. ¿Cómo iba a sonreír? Yo pensaba que me iba a dejar tirada allí o que me podía matar. Me sacó muchas fotos, siempre insistiendo en que sonriera. Volvimos a casa.

Pasaron unas horas. Tita y Francisca no paraban de mandarme mensajes diciéndome que viera urgente mi Facebook. Lo miré y no podía creer lo que estaba viendo. Arturo subió las fotos y escribió cosas como: «¿Por qué no puedo etiquetar a mi esposa?», «Esposa mía, ¿por qué me tienes bloqueado en Facebook?», «Esposa, te amo». No entendía nada. Nunca antes subió una foto mía, nunca me tuvo como su esposa en Facebook, y nadie sabía que yo existía. ¿Por qué justo ese día él quería que todos supieran? Lo entendí una semana después.

En el trabajo siempre estuve bien, era mi manera de estar lejos de él. Al salir me estacionaba en la Costanera para relajarme mirando el mar y encontrar fuerzas para volver a casa.

Un día atendí a una pareja que quedó muy satisfecha con sus lentes, estaban muy felices. Se despidieron de mí encantados y ella, Paloma, me entregó una tarjeta diciéndome: «Sé que lo necesitarás». Todo pasa por algo en esta vida, ella era abogada y tenía razón, la necesité.

Un sábado mis papás nos invitaron a comer un asadito en su casa. Arturo no quiso ir. Era muy normal en él dejarme plantada en planes con mi familia. Llegué donde mis padres y empecé a recibir mensajes muy raros de Arturo.

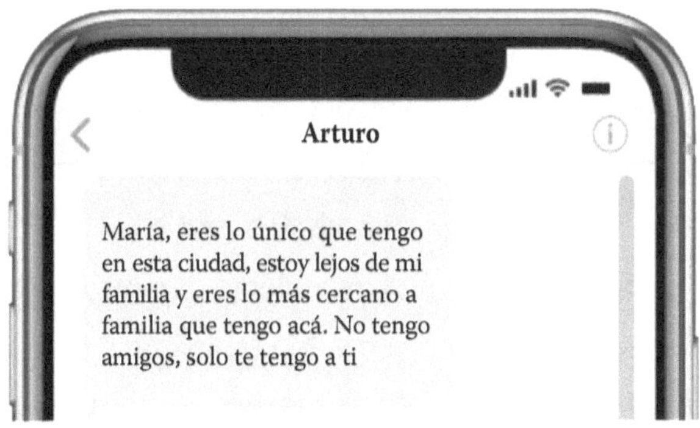

Lo leí y no le presté atención, era otra de sus locuras.

Horas después me escribe el esposo de mi hermana y me cuenta que se encontró con Arturo en una ferretería, que llevaba chapas de puerta y se ofreció a cambiarlas él. Yo no entendía nada. Le dije que no pensaba cambiar las chapas pero que muchas gracias por ofrecerse.

De inmediato le escribí a Arturo. Le pregunté por las chapas y por qué no había pasado por donde mis papás si había salido de casa. Su respuesta me dejó en *shock*.

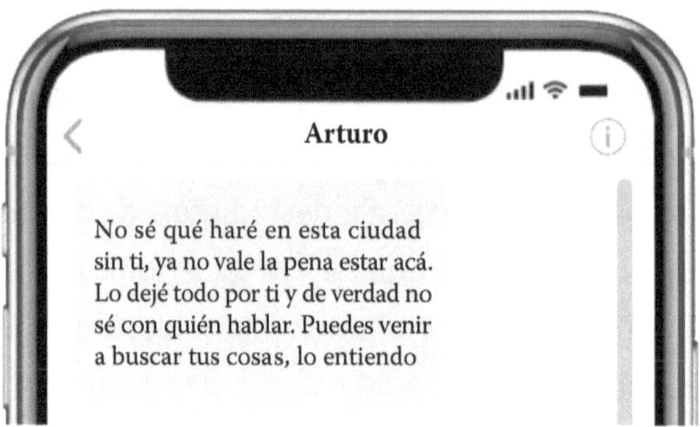

Yo, por el contrario, no entendía nada. Les conté a mis padres lo que ocurría y solo pensaron, como yo misma lo hice, que era otra locura suya.

Justo esa noche tenía el cumpleaños de una amiga cerca de mi casa, así que me despedí de ellos y puse rumbo a mi casa para cambiarme e ir a la fiesta. Llegué a mi casa pero, sorpresa, las llaves no entraban en las chapas. Llamé a Arturo, pero no contestaba. Golpee la puerta, pero no había nadie.

Llamé a Gabriela, una amiga del colegio que iba al cumpleaños conmigo. Le pedí que fuera por mí. No sabía qué hacer, qué decir; no entendía nada. Ella llegó y me sugirió llamar a carabineros y avisarle a mis papás.

Carabineros me dijo que no podían hacer nada porque el dueño de la casa no estaba. Les expliqué que mi marido había cambiado las chapas, que el arriendo de la casa estaba a nombre de mi mamá y que mis cosas estaban adentro, pero fue imposible. No hicieron nada. Llamé a papá. Me dijo que fuera al cumpleaños, que me despejara y que al día siguiente solucionaríamos todo.

Estaba en blanco. No tenía nada, ni un cepillo de dientes. Nada. Era obvio que él tenía todo esto planeado desde antes del fin de semana que salimos a «pasear». Al día siguiente, domingo, fui con mi papá a buscar mis cosas.

Arturo estaba sentado en la solera, el ante jardín de la casa estaba lleno de bolsas de basura. Entré a la casa con mi papá. Abrí el clóset para ver que no había nada mío; mis cajones de la cómoda estaban vacíos, lo único que encontré fue mi mueble de joyas y maquillaje abierto. Destruyó las chapas, quizás buscando nuestros anillos que yo, por suerte, ya había escondido. Me robó muchas joyas de oro. Mi papá me pidió que recuperara todo porque esa era la última vez que entraba a esa casa.

Mi ropa interior nunca la recuperé. Mi maquillaje lo rompió todo y lo puso en la caja de arena de Gratos. Mi papá le preguntó afuera por mis cosas y él señaló las bolsas de basura del ante jardín. Se quedó con todo, una casa completamente armada; lo único que devolvió fue mi mueble, que había roto, y una cama nido que era de mi mamá.

Con mi vida rota y mis pertenencias en bolsas de basura mi papá, manejando, me dijo: «No se habla nunca más de Arturo».

Al son de «Castillos», de Amanda Miguel, con mi corazón en pedazos, lloré, grité, sentí que me desgarraba por dentro. No tenía más fuerzas para continuar. Creé en mi mente un hombre que nunca existió. No era hombre, era un desgraciado.

Hubo una vez un país de miel
Con tejados color bermellón
Donde yo era reina y él era el rey
En un reino de cuentos de amor
Mi mágico castillo en el aire
Brillaba transparente bajo el sol
Hubo luego aquella tormenta cruel
Y el castillo del aire calló
A la luz de un rayo se abrió a mis pies
El abismo de su corazón
Entonces pude verlo tal cual era
Y lo que descubrí me destrozó
Ohh-ohh-ohh
Ohh-ohh-ohh
Mi rey era un monstruo de piedra
Con el corazón de piedra
Pagó por mi amor con piedras
Rompió mi ilusión con piedras
Yo fui una vez esa ingenua fiel
Que este cuento creyó realidad
Y pagué tan caro mi estupidez
Que no quiero atreverme a soñar
No quiero más castillos en el aire
Ni reyes que lastiman sin piedad
Ohh-ohh-ohh-ohhh-ohhh-ohhh
Ohh-ohh-ohh-ohhh-ohh-ohhh
Mi rey era un monstruo de piedra
Con el corazón de piedra
Su amor siempre fue mentira
Castillos que hoy son ruinas
Oh-oh-ooh-ohoh
Oh-oh-ooh-ohoh

Amanda Miguel, «Castillos»

Divorcio

No son los más aptos ni los más inteligentes los que sobreviven,
sino los que mejor se adaptan a los cambios.

Frase atribuida a Charles Darwin en el hall de la
California Academy of Sciences.

Fueron dos semanas en las que no podía conmigo misma. No podía levantarme, no tenía apetito. Estaba, aunque no lo creas, preocupada por Arturo. «¿Qué estará comiendo? ¿Estará bien? ¿Me extraña como yo lo extraño a él? ¿Pude hacer algo más por nuestro matrimonio?». No, lo hice todo y más. Dejé mi vida de lado para dedicarme solo a él, pero nada funcionó.

Tenía que levantarme, salir adelante. Tenía 24 años y no sabía por dónde empezar. Javier, mi mejor amigo, me ayudó. Estuvo en todo momento conmigo. Él llegó de vuelta a vivir en la ciudad para estar cerca de sus papás. Se llevaba tan bien con los míos que salió del clóset con ellos antes que con los suyos, porque tenía miedo a cómo reaccionarían. Mis padres le dieron todo el apoyo que necesitaba y la fuerza para hablar con su familia; todo salió perfecto y Javi, por fin, fue libre de ser quien era. Y nosotros, obviamente, más unidos que nunca; no se separó de mi lado en todo este proceso.

Gratos no sobrevivió. No pudo aprender a usar su patita y se le infectaron sus huesos. Tuve que sacrificarlo. Lloraba con mi gato y las dos veterinarias. No se pudo hacer nada más y él ya estaba sufriendo demasiado.

Y me levanté, a duras penas, pero me levanté. Primero lo primero, conseguir una abogada. Recordé la tarjeta de Paloma, así que la llamé y concretamos una cita. Estaba todo claro: Arturo me dejó en la calle, nuestra relación terminó. Era lógico que quisiera el divorcio al igual que yo.

Paloma lo llamó frente a mí para explicarle que yo quería un divorcio de mutuo acuerdo y cuáles eran los pasos que teníamos que seguir en el registro civil para luego hacer el proceso de cese de convivencia, etc. Arturo respondió que no, que él quería plata; se atrevió a pedir la mitad de mi casa.

Yo estaba en proceso para comprar mi casa, pero no podía pedir un crédito hipotecario en ningún banco porque Arturo tenía una deuda grande en uno de ellos. En todos mostré y comprobé que estaba en proceso de divorcio, pero para ellos yo seguía atada a un deudor. No tuve más que recurrir a mi mamá y pedirle a ella que comprara la casa a su nombre.

Paloma me preguntó si tenía denuncias en contra de él; yo solo lo denuncié dos veces. La última la recuerdo como si fuera ayer. Yo ya estaba, por fin, en mi casa propia. Vivía con Edgardo, sobrino de mi madrina y amigo con ventaja; nunca nos pedimos pololeo pero con el paso del tiempo fuimos pareja. Él me acompañó a hacer esa denuncia. Arturo se paseaba a las afueras de mi casa a diario. Realmente me asustaba, pero estando con Edgardo me sentía más segura y enfrente vivía mi hermana con su marido. Si yo estaba sola en casa y mi cuñado veía a Arturo, de inmediato cruzaba a visitarme. Le voy a agradecer por siempre ese gesto.

Entré con Edgardo a la comisaría para hacer la denuncia, explicar que estaba en un divorcio y que mi exmarido no dejaba de pasearse a las afueras de mi casa a diario. La respuesta del oficial que tomó la denuncia fue un: «No podemos hacer nada, ojalá pase la noche».

Sí, esa fue lo que me contestó, «Ojalá pase la noche». ¡Tremenda seguridad! Por suerte contaba con Edgardo y mi cuñado para acompañarme en todo momento.

Edgardo entendía mucho de tecnología y se percató de que algo andaba mal con mi celular, que era de la misma marca del fabricante del PlayStation. Buscó el ícono que aparecía en mi celular y descubrió que mi teléfono, WhatsApp, llamadas, mensajes, ubicación, todo, estaba enlazado al PlayStation y computador de Arturo. Edgardo me regalo un aparato nuevo, de la misma marca, y no funcionó. Tuve que cambiar la marca de mi celular.

En este punto Paloma me ofreció otra forma de divorcio: por culpa. Me pidió que le contara todo lo que sabía de Arturo. También me advirtió que el proceso sería largo y doloroso, que nos investigarían a ambos. Yo no tenía nada que esconder y acepté. Fue horrible. Estuve casada con un desgraciado. Sufrí por años estando al lado de alguien a quien no conocía de verdad hasta nuestro divorcio.

Antes de la primera audiencia, Paloma me citó junto a mis testigos para prepararnos. Los testigos eran Javier, Tita y mi papá. Mi mamá se negó a participar del juicio porque pensaba que yo aún lo amaba y tenía la esperanza que volviéramos a estar juntos.

Paloma era brillante, sabía todas las leyes al revés y al derecho. Una abogada de primera. Mi papá le preguntaba todo y ella lo dejaba con la boca abierta con cada respuesta. No había forma de pararla, su fin era divorciarme y lo hizo.

Divorcio por culpa. Primera audiencia.

Arturo llegó con aire victorioso y entró a la audiencia sonriendo; yo estaba aterrada.

Empezaron las declaraciones. No paré de llorar por horas. Javier y Tita sabían todo por lo que había pasado y más; las declaraciones de ellos me destruyeron por dentro más de lo que ya estaba. No podía creer todo lo que había escuchado.

Declaró Arturo, con una capacidad de mentir impresionante; obvio, lo había hecho conmigo por muchos años. Entre tanta mentira dijo que yo lo había golpeado porque, supuestamente, le pedí plata para el pie de mi crédito hipotecario y como se negó yo lo agredí. Además, agregó que me entregó mis cosas todas ordenadas en maletas y que mi papá fue a retirar las cosas a la casa. Ni se arrugó para mentir.

Eso no bastó, subió al estrado mi papá con toda la información de mi juicio en mano. La jueza le dijo que él no podía estar al tanto de la información del juicio y mi papá la paró en seco: «Señora jueza, ¿usted me está diciendo que yo no puedo estar al tanto de lo que está viviendo mi hija de 24 años? Ella es mi hija y yo su padre y por ende tengo el derecho y deber de estar al tanto de lo que pasa en su vida». La jueza accedió.

Su declaración fue impactante, dolorosa, vergonzosa y escalofriante. Él lo sabía todo, es papá. Nunca le conté nada y aun así lo sabía todo. Desmintió todo lo dicho por Arturo. Dejó claro que él subió mis pertenencias al auto en bolsas de basura, después de recogerlas del ante jardín de la casa, pues estábamos juntos. La declaración de Arturo no tenía cómo mantenerse en pie.

¡Un grande mi papá! Me defendió a mí y a mis amigos LGB-TQ. Dijo que estaba orgulloso de mí, de verme en pie después de todo lo que había pasado al lado de Arturo.

El desgraciado seguía sonriendo pero le duró poco. Paloma pidió a la jueza la ficha SAO (Sistema de Apoyo a la Operación) y peritaje psicológico para ambos. Él solo pudo negarse al peritaje psicológico, mientras su abogada no entendía nada.

Mi psicóloga no era perito y me pidió no involucrarla en este proceso porque temía por su familia, por eso no se dedicaba a esa línea de su profesión. Me asignaron un perito, Renzo, quien además de hacer mi peritaje tenía que declarar en las audiencias.

Fueron tantos meses, tantas lágrimas, tanto tiempo perdido por una justicia que nunca llegó.

Divorcio por culpa. Segunda audiencia.

Arturo no llegó. Solo estábamos su abogada, la jueza, Paloma y yo.

Ficha SAO María:

Limpia. Sin antecedentes.

Ficha SAO Arturo:

2006: Prisión preventiva (por ser considerado peligroso para la sociedad) como medida cautelar mientras se investiga robo en casa no habitada.

2010: Violencia intrafamiliar. Constatación de lesiones por parte de María Recosta, pareja de Arturo quien pide orden de alejamiento.

Peritaje psicológico de María: Los resultados del peritaje arrojan alta afectación emocional por la vivencia de maltrato reiterado.

Durante estos hechos Edgardo y yo nos acercábamos cada vez más. Él siempre entendió el proceso por el que estaba pasando, así que me dio tiempo y espacio.

Me invitó al cumpleaños de una amiga de él, Amelia. Encantada fui, quería conocer gente nueva, despejarme, distraerme. Ella era amiga de Raiza, quien sabía quién era yo pero yo no la conocía a ella. Al llegar a casa Edgardo me contó que Raiza era colega de Arturo. En ese instante entendí por qué me miraba tan raro.

El fin de semana siguiente Edgardo me preguntó si podía invitar a mi casa a Amalia y Raiza con sus maridos, compañeros de trabajo de Edgardo, y yo acepté. Hicimos un asado al aire libre. Hacía frío, pero entre tanto alcohol, canto, risas y conversaciones, sacamos todas las frazadas que teníamos en casa para seguir cantando y conversando hasta que saliera el sol.

Raiza me pidió hablar. Entramos a casa para estar solas y me contó todo. El día que Arturo me dejó fuera de casa se había ido dormir a casa de Raiza. Le dijo a ella, a su marido y a sus colegas, que yo lo había golpeado y que no podía volver a casa. Me dijo que ese día se juntaron con colegas y estaba su amante, Karina.

Ese nombre me dejó en blanco, sabía quién era. Le conté a Raiza que Arturo la describió como una maraca con un hijo guacho, que la tenía cerca para que le derivara pacientes. Él me pidió que eligiera un regalo de Navidad para Karina porque, según él, le había tocado en el amigo secreto. Le elegí el regalo a la amante del que era, en ese entonces, mi marido.

Raiza entendió todo y me dijo que confiaba en mí, que yo no tenía nada que ver con la descripción que les había dado él y que sabía que Edgardo no viviría con una mala mujer. Entonces continuó: «María, debo confesarte algo. Arturo va a presentar una licencia falsa en la próxima audiencia para no asistir». Le pregunté si podía grabar esa declaración para presentarla en la audiencia y aceptó.

Divorcio por culpa. Tercera audiencia.

Empezó la audiencia y su abogada presentó la licencia. Mi abogada, que estaba al tanto de que esta era falsa, presentó la grabación como prueba. La jueza la escuchó a solas hasta comprobar que Raiza sabía que estaba siendo grabada. Luego escuchamos la grabación en altavoces. Su abogada no sabía dónde meterse. «Pueblo chico, infierno grande»; la ciudad es pequeña y todo se sabe.

Divorcio por culpa. Cuarta audiencia.

Una vez más Arturo no se presentó.

Paloma presenta nuevas pruebas en contra de Arturo. Karina, amante y luego pareja de Arturo, lo denunció por violencia intrafamiliar: la arrastró con su auto, fracturándole los dedos, la golpeó y perdió su embarazo.

Llanto. No lo podía creer. Realmente era un desgraciado.

La jueza emite una orden de alejamiento, Arturo ya no podría acercarse a nosotras. Karina estaba bien. La abogada de Arturo renunció.

Tuve que hablar con el fiscal que recibió la declaración de Karina y me entregó un botón de pánico. Yo no entendía para qué. Él me explicó que vio el estado en que quedó Karina y que consideraba necesario que tuviera el botón de pánico por si Arturo intentaba acercarse. Le dije que no era necesario. Él insistió, pero en mi cabeza hasta ese momento no entendía de lo que era capaz Arturo. Le mencioné al fiscal que yo estaba segura en casa porque vivía acompañada y que en frente tenía a mi hermana y cuñado.

Divorcio por culpa. Quinta audiencia.

Paloma me cuenta que es amiga del nuevo abogado de Arturo, que esté tranquila. Que me llamará a declarar y que responda todo con normalidad. Ese día entendí que la justicia no llegaría.

El abogado me preguntó si podía mostrar las fotos de mi Facebook, yo dije que sí.

Primera foto: Tita, Francisca y yo en el casino durante el *show* de Paolo Meneguzzi.

—¿Puede explicar esa foto?

—Fui al casino con mis amigas a ver el *show* de Paolo Meneguzzi.

—¿Por qué no está su marido en la foto?

—Arturo no me quiso acompañar porque Tita es lesbiana y él es homofóbico.

Segunda foto: mi mamá y yo, en bikini, en una playa.

—¿Dónde estaba en ese momento y por qué no estaba con su marido?

—Estaba en California con mi mamá. Fuimos por negocios y en nuestro tiempo libre íbamos a la playa. Arturo no nos quiso acompañar al viaje.

—¿Usted cree que una buena mujer deja a su esposo para ir a un *show* con sus amigas o viaja fuera del país para ir a la playa y subir fotos en bikini?

—Estamos en el Siglo XXI, ¿de verdad me está preguntando eso?

Terminaron las preguntas.

Paloma habló un rato con el abogado. Volvió a mí y me dijo que Arturo estaba fuera de la sala. En ese momento me pidió que saliera, actuando enojada, y le dijese: «¿Después de todo este tiempo quiere eso? ¡No, jamás! Ya sufrí demasiado y quiere llevárselas limpias, no». Y que lo dijera fuerte para que Arturo escuchara; que acto seguido saliera del edificio y la esperara en el auto.

Así lo hice. No entendía nada, pero Paloma llegó al auto. Había conversado con el abogado de Arturo, que él sabía que tenía todo en su contra y le podían quitar el título por los cargos en su nombre. El abogado dijo que, al ser un buen abogado, podía seguir alargando el juicio por harto tiempo más pero le ofreció a Paloma un divorcio de mutuo acuerdo que luego de mis gritos estaba seguro Arturo aceptaría. Y así fue. Arturo accedió.

Entre tanta espera, un día revisé mi Facebook y tenía una solicitud de mensaje, era un mensaje de Karina:

Mi respuesta fue honesta:

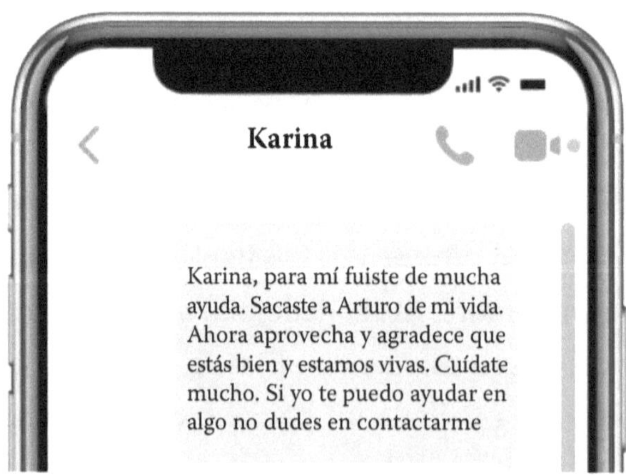

Después de un año de idas y venidas, entre audiencias, llanto, verdades, dolor, miedo, inseguridad, llegó el día.

Divorcio de mutuo acuerdo. Primera y única audiencia.

Paloma y yo, Arturo y su abogado.

La jueza me preguntó si yo quería algo de él, respondí que no. Le preguntaron a Arturo si quería algo de mí, respondió que no.

En menos de 15 minutos nos divorciaron de mutuo acuerdo.

En los papeles figura que Arturo me pidió el divorcio. En mi libro de vida figura el aprendizaje de tantos años de dolor. Ahora debo aprender a amarme.

Partir de cero

No tengas miedo de volver a empezar. Esta vez no estás empezando desde cero, estás empezando desde la experiencia.

¡Por fin era libre! Tenía todo por hacer, pero no sabía por dónde empezar. Entendí que yo tenía que ser mi prioridad y que me había abandonado por no saber amarme. Me tomó dos años reconstruirme, pero necesitaba hacerlo sola. «Soltera pero nunca sola», durante ese tiempo cada vez que quise, y se pudo, contacté a Mateo. Como en años anteriores, fuimos amigos, cómplices y siempre lo pasamos bien.

Aprendí a estar sola en mi casa, mis espacios, mis gustos, cuidarme y, sobre todo, amarme. Me enamoré de mí. De mis locuras, de mis tiempos, de mi cuerpo, en especial de mi cuerpo. Me miraba en el espejo y mis ojos eran otros, miraba mi cuerpo y lo amaba. Me encontré mirándome en el espejo, orgullosa de lo que fui, lo que viví, lo que aprendí y de lo que sabía que podía llegar a ser.

Soltera y sin compromisos, tenía que jugármela por mí. Vendí todo, excepto mi casa porque era mi lugar seguro donde volver. El auto, el computador, las máquinas de coser, ropa, zapatos, todo lo que se podía vender. Me propuse, además, ahorrar. Sin auto me iba al trabajo en bicicleta, almorzaba donde mis papás y no salía a ningún lado. Solo ahorrar. ¿Para qué? ¡Para cumplir mis sueños!

Tomé mis tres maletas, las metí una dentro de otra, y solo me llevé ropa en la maleta de mano. El resto se llenaría con el tiempo.

Me fui a vivir a Auckland, Nueva Zelanda. Pagué un curso de inglés que incluía alojamiento en casa de familia con pieza compartida. Si me iba al otro lado del mundo era para conocer todo, su cultura y también cómo viven.

Tenía tanto miedo, pero tenía que hacerlo. Comprobar de lo que soy capaz. Aprender un nuevo idioma, conocer personas, lugares. Conocerme a mí misma. Temblaba antes de abordar el avión porque les tengo miedo, porque no sabía si era lo correcto, porque no sabía si lo iba a lograr.

Subí. 13 horas de vuelo sobre el mar. 13 horas para dormir, pensar, reflexionar, ver películas; yo elegí devorarme un libro que enseñaba pequeñas frases en inglés para poder comunicarme mejor. Sabía lo típico que te enseñan en el colegio, pero no sirvió de mucho; llegué y no sabía nada. Ubiqué al chofer de la escuela donde iba a estudiar y esperamos a los otros estudiantes que venían en diferentes vuelos. ¡Qué emoción!

Ya en la van conocí a David, de Suiza, hablaba alemán y su inglés era casi perfecto para mí. Hablamos mucho y nos agregamos en redes sociales de inmediato. Me dijo que estaría para mí si lo necesitaba. Un amor. Hasta el día de hoy hablamos.

Me dejaron en casa. La familia que me recibió era de las islas Fiyi y de religión hindú, muy estrictos pero jóvenes, no más de 30 años. Moma y Abby. Me explicaron las reglas de su hogar y yo no entendía nada o eso creía. Las normas me resultaron raras pero las más básicas eran: sacarse los zapatos antes de entrar a la casa; reciclar la basura en los distintos contenedores que había afuera, saludar a Ganesha al entrar y salir de casa, no comer ningún tipo carne los días lunes, lo que incluía no tener carne en la nevera; dejar agua en el hervidor la noche anterior. Solo tenían un baño y mi turno para bañarme era a las 5:00 a. m. pues mi compañera de pieza entraba al baño a las 6:00 a. m.

Luego conocí a la chica con la que compartiría la pieza, una japonesa llamada Naomi. Un amor de persona, me explicó todo de nuevo y muy lento, resultando que todo lo había entendido bien. Mi inglés no estaba tan mal como yo pensaba.

Era domingo y Naomi se ofreció a enseñarme todo para llegar a la escuela. Me acompañó a comprar mi tarjeta de transporte; me mostró las paradas de autobuses y trenes, sus horarios, e incluso la escuela. Me presentó algunas amigas. Almorzamos y luego paseamos por el centro de la ciudad. Volvimos a casa. Estaba feliz pero agotada mentalmente y me largué a llorar. Tenía miedo. Mi cerebro se cansó demasiado, creí que no lo lograría.

Que pelotuda, ¡obvio que lo logré! Querer es poder y yo siempre quiero.

Recorrí Nueva Zelanda por dos meses. Mis clases eran de lunes a viernes de 8:00 a. m. hasta las 6:15 p.m. Todos los días después de clases nos íbamos con los de la escuela a diferentes bares y fiestas; aunque nuestros niveles de inglés eran distintos y todos estábamos aprendiendo, fue genial.

A las 10:00 p.m. el transporte público cerraba, por ende antes de esa hora ya estaba en casa. Me levantaba a las 4:50 a. m. todos los días. Lo hacía incluso los fines de semana para tomar todos los tours posibles, que además los ofrecía la escuela. Estuve un mes en esa casa. Pensaba que estaba bien y todo era novedoso para mí. Pero no podía cocinar porque el gas era muy caro; dormía con primera capa, pijama de polar y una toalla en la cabeza porque la humedad era increíble, al punto de que todas las mañanas tenía que secar mi celular porque la pantalla amanecía mojada.

Un viernes Naomi me contó que le dieron una semana de vacaciones en la escuela —les daban una semana por cada 6 meses de estudio— y viajaría al día siguiente a Australia con unas compañeras. Le deseé todo lo mejor y que se cuidara mucho.

El sábado no me despedí de Naomi y dormí hasta despertar sin alarma. Estaba verdaderamente cansada. Además de las clases teníamos tareas que hacer por la plataforma de la escuela para medir nuestro avance. Hablé con mi familia en Chile y conversé un rato con Moma porque Abby había salido y a eso de las 10:00 p.m. me fui a dormir.

A la medianoche me despierto sintiendo golpes en las paredes. Me senté en la cama. Era Abby, estaba ebrio. Te juro que pensé que estaba soñando pero no. Escuché a Moma gritando que llamaría a la policía y luego de un golpe seco no la escuché más. Corrí mi cama hasta la puerta. En la escuela nos habían dado una pulsera con un número de emergencia; llamé y no contestaban; llamé al director de la escuela y no contestó; envié un correo electrónico a la escuela en Chile, tenía 13 horas de diferencia con Chile. Llamé a mi papá y él contestó. Muy calmado me dijo que hiciera todo lo que yo ya había hecho y me acompañó un par de minutos hasta que volví a escuchar a Moma. Mi papá me dijo: «Después de esto definitivamente tienes que escribir un libro, la violencia te persigue».

Al día siguiente intenté hablar con Moma, era verme a mí años atrás. Lo defendió a morir. Me pidió que no dijera nada porque Abby no tenía pasaporte neozelandés y que si yo hablaba lo echarían del país. Insistió en que él nunca se había comportado así, que era la primera vez y que solo fue porque estaba ebrio. Por supuesto yo no podía seguir viviendo ahí, así que pedí a la escuela que me reubicara.

Me cambiaron a su hostal. ¡Era otra cosa! Tenía calefacción, cinco baños para todos los que vivíamos ahí; una cocina gigante donde podía cocinar, medio refrigerador para mí, lavandería. Cosas que nunca valoramos pero cuando no las tenemos sufrimos un montón. Mi nueva compañera de pieza fue Nuria, una chica peruana; en la de enfrente estaban David, de Suiza, y su novia Brenda, de Francia.

Todo cambió para mejor. El hostal quedaba a 30 minutos caminando de la escuela o a 10 minutos en bus. Brenda, Nuria y yo hablábamos de todo, éramos cómplices; nos íbamos juntas a la escuela, preparábamos los desayunos y cenas. Volvíamos al hostal caminando de noche, admirando las vistas de Auckland. Una experiencia hermosa que volveré a repetir y que sin duda fue mi mejor regalo.

Antes de volver a Chile me tatué «Máu anó e rapu he oranga» que en maorí significa «Querer es poder».

Querer es poder

Así fue cómo llegó lo mejor. No era otra persona, era yo. Completa, tranquila, sin dolor, libre y viva. Llegó el amor propio, la estabilidad, la madurez emocional, buenos momentos y mi vida.

Me amo, merezco ser feliz y lo dije en mi mente: «Estoy lista para conocer a alguien que quiera disfrutar la vida conmigo, estoy lista para conocer a alguien bueno, que se ame y sea capaz de amarme tal y como soy».

Era agosto del 2019 y llegó una amiga a casa, Daniela. Ella recién separada de Marcos, tranquila y decidida; en eso coincidimos ese día. Ella decidió separarse y yo decidí que estaba lista.

Ambas estábamos agotadas, era viernes y no queríamos movernos pero había que celebrar. No todos los días pasan cosas tan importantes y menos el mismo día a dos amigas. ¿Coincidencia? Tal vez. Yo creo que fue Dios, el universo, la Divinidad o como tú quieras llamarlo.

—¿Salimos? —me preguntó ella.

—No, amiga, de verdad no puedo, me quedan 10 000 pesos en efectivo y aún no me pagan.

—No importa, yo invito.

Y me convenció, no sin antes pedirme que por favor me cambiara de ropa. ¡Ja, ja, ja!

Salimos a bailar. Mientras yo estaba bailando, ella fue por unos tragos. Bebimos y bailamos hasta que los vasos quedaron vacíos.

—Me aburrí, ¿vamos a otra fiesta?

—¿Cómo te vas a aburrir si no llevamos ni una hora acá? —le contesté.

—Por favor, María, hay una fiesta muy cerca de acá. Cuesta 5000 pesos la entrada y es solo en efectivo; tú pagas nuestras entradas y yo invito los tragos.

—Ok, vamos.

Llegamos a la siguiente fiesta. Fuimos por unos tragos y en la fila, mientras hablábamos, puso cara de asombro y me dijo:

—María, detrás tuyo está José. Es amigo de Marcos, no quiero saludarlo. ¿Nos quedamos en la barra?

—Ok, no hay problema.

Me di vuelta a mirarlo mientras Daniela compraba.

Ya en la barra, entre tragos, conversaciones y fotos, Daniela quiso bailar.

En medio de la fiesta se acercó José a saludar a Daniela. Ella, que ya estaba con unos tragos encima, lo saludó feliz, encantada y emocionada, y yo no entendía nada.

—José, qué rico verte —empezó a decirle—, ella es María. Marcos y yo siempre hablamos de que ustedes serían la pareja ideal porque a los dos les gusta disfrutar la vida. ¿Se darían un beso?

Ambos, ya con varios tragos en el cuerpo, accedimos.

Hicimos el *after* en mi casa. José, Daniela y un amigo suyo. Música, tragos preparados por José —quien era *bartender* y al que yo le ninguneaba su forma de preparar los tragos aunque, hay que decirlo, tiene talento— le quedaron muy buenos. Conversamos de la vida, escuchamos música, nos compartimos nuestras *playlists*. Una noche perfecta.

Al día siguiente llamé a Tita para contarle que había conocido a José. Lo describí y le dije que me encantaba su forma de ser, que teníamos los mismos gustos musicales, etc. Me fui de espalda cuando Tita me dijo que lo conocía de toda la vida, que habían jugado fútbol juntos y que, además, vivía a la vuelta de su casa. Tuve muchas oportunidades para conocerlo y nunca ocurrió. Yo pasaba fines de semanas enteros en casa de Tita y jamás lo vi.

Ese mismo día, a horas de habernos despedido, José me llamó al celular. Yo estaba con Daniela y las dos gritamos como unas niñas emocionadas porque me estaba llamando. Quería verme. Me preguntó: «¿Fumamos un cigarro?».

Nos juntamos y ninguno de los dos podía creer que tuvimos muchas oportunidades para conocernos y no se dio. Teníamos dos amigos de toda la vida en común; ambos hacíamos atletismo; trabajamos para la misma empresa en Santiago; íbamos al mismo gimnasio.

Tal vez aquellos no eran los momentos para conocernos; tal vez es mi hilo rojo, tal vez es el destino.

Desde ese día no nos separamos más. Él vivía en Santiago y yo en el sur. Yo estaba en un tratamiento médico en Santiago, por lo que tenía que viajar semana por medio a inyectarme y a control. Así logramos planificar viajes para vernos tres fines de semanas al mes, dos en Santiago y uno en el sur. Nos mantuvimos juntos a distancia por varios meses hasta que decidimos vivir juntos. Yo necesitaba un cambio y nos pareció que lo mejor era vivir juntos en Santiago.

Las relaciones no son perfectas, no somos medias naranjas. Yo no estoy a medias. Estoy completa y José también. Agradezco todo lo que he aprendido a lo largo de mi vida y agradezco haberlo conocido en el momento indicado. Ahora caminamos juntos de la mano, creando nuestro propio camino. Vivimos en Santiago, por fin salí de esa ciudad donde tenía tan malos recuerdos. Tenemos nuestro propio departamento, dos gatos hermosos y toda una vida por delante.

Las heridas del pasado no se borran, aprendí a vivir con ellas. Pero lo más importante es que sobreviví.

Sí, se puede.

María T. Óptico especialista en Contactología y Optometría Clínica, con más de 9 años de experiencia.

Apasionada por la lectura y los gatos.

Soñadora e hiperquinética, siempre está en movimiento haciendo algo nuevo.

Ama viajar y conocer nuevas culturas.

Lecturas recomendadas

Crónica de un psicópata. Cómo sobrevivir a personas contrarias a la sociedad (Felicitas Kort)

Cuando tus ojos no ven (Leonardo Vidal Ferreiro)

La profe de pueblo (Navia Iturrieta)

Nunca te lo dirá (Mónica Pallero)

Yo, Anaí Domínguez. Denuncias, revelaciones y redención (Anaí Domínguez)

Vivir para aprender. Esta historia te va a ayudar (María Belén Alvez Maeso)

María (Colombia Barrera)